40 ORACIONES SENCILLAS QUE TRAEN PAZ Y DESCANSO

40 ORACIONES SENCILLAS QUE TRAEN PAZ Y DESCANSO

Max Lucado

con Andrea Lucado

Grupo Nelson
Una división de Thomas Nelson Publishers
Desde 1798

NASHVILLE   MÉXICO DF.   RÍO DE JANEIRO

© 2014 por Grupo Nelson®
Publicado en Nashville, Tennessee, Estados Unidos de América. Grupo
Nelson, Inc. es una subsidiaria que pertenece completamente a Thomas
Nelson, Inc. Grupo Nelson es una marca registrada de Thomas Nelson,
Inc. www.gruponelson.com

Título en inglés: *Pocket Prayers*
© 2014 por Max Lucado
Publicado por Thomas Nelson

Editora en Jefe: *Graciela Lelli*
Traducción: *Omayra Ortiz*
Adaptación del diseño al español: *Grupo Nivel Uno, Inc.*

ISBN: 978-0-71803-115-2

Impreso en Estados Unidos de América

14 15 16 17 18 RRD 9 8 7 6 5 4 3 2 1

La oración de bolsillo

Hola, mi nombre es Max. Soy un flojo en recuperación en lo que concierne a la oración. Me quedo dormido cuando oro. Mis pensamientos hacen zig, luego zag, y después zig otra vez. Las distracciones se arremolinan como mosquitos en una noche de verano. Si el trastorno de déficit de atención se aplica a la oración, yo lo padezco. Cuando oro, pienso en las miles de cosas que tengo que hacer. Y me olvido de lo que se supone que estoy haciendo: orar.

Algunas personas se destacan en la oración. Inhalan el cielo y exhalan a Dios. Son el «SEAL Team Six» de la intercesión. Prefieren orar a dormir. ¿Por qué razón yo me duermo cuando oro? Pertenecen a la AGO: Asociación de Gigantes en la Oración. En cambio, yo tengo una tarjeta de membresía de FOA: Flojos en la Oración Anónimos.

¿Te identificas con esto? No se trata de que no oremos. Todos oramos en alguna medida.

Oramos sobre almohadas manchadas de lágrimas.

Oramos en liturgias impresionantes.

Oramos cuando estamos en un avión y vemos gansos volando.

Oramos al citar devociones antiguas.

Oramos por mantenernos sobrios, centrados o solventes. Oramos cuando la masa parece maligna. Cuando el dinero se acaba antes de que termine el mes. Cuando el bebé en el vientre no ha pateado en unos días. Todos oramos... un poco.

Sin embargo, ¿acaso no nos gustaría a todos orar... más?

¿Mejor?

¿Con más profundidad?

¿Con más intensidad?

¿Con más fuego, fe o fervor?

No obstante, tenemos hijos que alimentar, facturas que pagar, plazos de entrega que cumplir. El calendario se abalanza sobre nuestras buenas intenciones como un tigre sobre un conejo. Queremos orar, ¿pero *cuándo*?

Queremos orar, ¿pero *por qué*? Ya debemos admitirlo. La oración es extraña, peculiar. Significa hablarle al espacio. Elevar palabras al cielo. ¿Ni siquiera podemos conseguir que nos conteste la compañía de cable, y aun así creemos que Dios lo hará? ¿El médico está demasiado ocupado, pero Dios no? Tenemos nuestras dudas sobre la oración.

Y nuestras historias de oración tienen sus altibajos: expectativas sin alcanzar, peticiones sin respuesta. Casi ni podemos arrodillarnos por el tejido cicatrizado en nuestras rodillas. Dios, para algunas personas, es el mayor rompecorazones.

¿Para qué seguir tirando las monedas de nuestros anhelos en una alberca muda? Él me dejó plantado una vez... pero no dos.

Ah, el extraño enigma de la oración.

No somos los primeros en enfrentar estas luchas. El registro de asistencia para el curso Oración 101 contiene algunos nombres conocidos: los apóstoles Juan, Santiago, Andrés y Pedro. Cuando uno de los discípulos de Jesús pidió: «Señor, enséñanos a orar» (Lucas 11.1, NVI), ninguno de los otros se opuso. Nadie se fue diciendo: «¡Ah! Entiendo perfectamente este asunto de la oración». Los primeros seguidores de Jesús necesitaron orientación con respecto a la oración.

En realidad, el único manual de instrucción que pidieron fue sobre la oración. Ellos pudieron haber solicitado instrucciones sobre muchos temas: la multiplicación de los panes, la redacción de discursos, cómo calmar las tormentas. Jesús resucitó a personas de la muerte. Con todo, ¿un seminario titulado «Cómo vaciar el cementerio»? Sus seguidores nunca lo pidieron. No obstante, sí quisieron que hiciera algo: «Señor, enséñanos a orar».

¿Acaso su interés tuvo algo que ver con las promesas de Jesús sobre la oración, las cuales provocan que se te caiga la quijada y se te desorbiten los ojos? «Pidan, y se les dará» (Mateo 7.7, nvi). «Ustedes pueden orar por cualquier cosa, y si tienen fe la recibirán» (Mateo 21.22, ntv). Jesús nunca relacionó tanto poder con otro cometido. «*Planifiquen*, y se les dará». «Recibirán cualquier cosa por la que *trabajen*». Esas palabras no están en la Biblia. Sin embargo, estas sí: «Si ustedes permanecen en mí y mis palabras permanecen en ustedes, pueden pedir lo que quieran, ¡y les será concedido!» (Juan 15.7, ntv).

Jesús hizo promesas impresionantes en cuanto a la oración.

Y fue un modelo de oración convincente. Jesús oró antes de comer. Oró por los niños. Oró por los enfermos. Oró con gratitud. Oró con lágrimas. Él creó los planetas y formó las estrellas, y aun así oró. Él es el Señor de los ángeles y el Comandante de las huestes celestiales, y aun así oró. Él es igual a Dios, la representación exacta del Santo, y aun así se dedicó a la oración. Él oró en el desierto, el cementerio y el huerto. «Salió y se fue a un lugar desierto, y allí oraba» (Marcos 1.35).

Este debió ser un diálogo común entre sus amigos:

—¿Alguien ha visto a Jesús?

—¡Ah! Ya sabes. Siempre haciendo lo mismo.

—¿Orando *otra vez*?

—Así es. Se fue desde el amanecer.

Jesús a veces hasta se desaparecía para orar toda la noche. Estoy pensando en una ocasión en particular. Él acababa de experimentar uno de los días más estresantes de su ministerio. La jornada había comenzado con la noticia de la muerte de su pariente, Juan el Bautista. Jesús intentó retirarse con sus discípulos; sin embargo, lo siguió una multitud de miles. Aunque se sentía muy apesadumbrado, se pasó el día enseñando y sanando a la gente. Cuando descubrieron que la muchedumbre no tenía comida, Jesús multiplicó el pan de una canasta y alimentó a toda la multitud. En un lapso de unas pocas horas, batalló con la tristeza, el estrés, las exigencias y necesidades. Se merecía una buena noche de descanso. No obstante, cuando la noche finalmente llegó, despidió a la multitud y le dijo a sus discípulos que abordaran su barco, y «subió a las colinas para orar a solas» (Marcos 6.46, NTV).

Aparentemente, esa era la decisión correcta. Una tormenta se desató en el mar de Galilea, dejando a los discípulos «en problemas lejos de tierra firme, ya que se había levantado un fuerte viento y luchaban contra grandes olas. A eso de las tres de la madrugada, Jesús se acercó a ellos caminando sobre el agua» (Mateo 14.24–25, NTV). Él había ascendido agotado a la montaña. Y reapareció revitalizado. Cuando llegó hasta el agua, no aminoró el paso. Hubieras podido pensar que el agua era el césped de un parque y la tormenta una brisa de primavera.

¿Crees que los discípulos hicieron la conexión entre la oración y el poder? «Señor, enséñanos a orar *así*. Enséñanos a encontrar fortaleza en la oración. A expulsar el miedo en oración. A desafiar tormentas en oración. A bajar de la montaña de oración con la autoridad de un príncipe».

¿Y qué tal tú? Los discípulos enfrentaron olas embravecidas y la posibilidad de ser sepultados en el agua. Tú enfrentas clientes enojados, una economía agitada, mares rugientes de estrés y tristeza.

«Señor», todavía pedimos, «enséñanos a orar».

Cuando los discípulos le pidieron a Jesús que los enseñara a orar, él les dio una oración. No un sermón sobre la oración. No la doctrina de la oración. Él les dio una oración citable, repetible, manejable (Lucas 11.1–4). ¿Puedes usar tú la misma? A mí me parece que es posible resumir las oraciones de la Biblia en una. El resultado es una oración de bolsillo, sencilla y fácil de recordar:

Padre,
> *tú eres bueno.*
>> *Necesito ayuda. Sáname y perdóname.*
>> *Ellos necesitan ayuda.*
>> *Gracias.*
>>> *En el nombre de Jesús, amén.*

Permite que esta oración marque el paso durante tu día. Al comenzar tu mañana: *Padre, tú eres bueno.* De camino al trabajo o mientras transitas por los pasillos del colegio: *Necesito ayuda.* Mientras esperas en la fila del supermercado: *Ellos necesitan ayuda.* Mantén esta oración en tu bolsillo según transcurre tu día.

Cuando invitamos a Dios a nuestro mundo, él entra. Nos ofrece una multitud de regalos: gozo, paciencia, fortaleza. Las ansiedades llegan, pero no se quedan. Los temores se asoman, pero luego se van. Los pesares aterrizan en el parabrisas, pero luego viene el limpiaparabrisas de la oración. El diablo todavía me presenta rocas de culpa, pero me volteo y se las entrego a Cristo. Estoy llegando a mi sexta década; sin embargo, me encuentro lleno de energía. Me siento más feliz, saludable y esperanzado de lo que jamás lo he estado antes. Las luchan llegan, sin duda. Pero Dios también lo hace.

La oración no es un privilegio para el piadoso, ni tampoco el arte de unos pocos escogidos. La oración es simplemente una conversación sincera entre Dios y su hijo. Mi amigo, él quiere hablar contigo. Aun ahora, mientras lees estas palabras, él toca a la puerta. Ábrela. Dale la bienvenida. Y que comience la conversación.

Y ustedes no recibieron un espíritu que de
nuevo los esclavice al miedo, sino el Espíritu
que los adopta como hijos y les permite
clamar: «¡Abba! ¡Padre!».

ROMANOS 8.15 (NVI)

P adre, me has hecho tu hijo por medio de tu Espíritu. En tu bondad, me adoptaste y me libraste del pecado y la muerte.

Recuérdame hoy lo que significa ser tu hijo y estar libre de esa ley. Me resulta muy fácil vivir mi día según mis propios términos. Ayúdame a vivirlo bajo la luz de tu gracia.

Oro por mi familia y mis amistades. Ayúdalos a experimentar tu amor como su Padre y a sentir su herencia en tu Espíritu.

Gracias por aceptarme tal como soy, pero sin dejarme permanecer igual.

En el nombre de Jesús, amén.

2

Y por cuanto sois hijos, Dios envió a vuestros corazones el Espíritu de su Hijo, el cual clama: ¡Abba, Padre!

GÁLATAS 4.6

Abba, gracias por enviar a un ayudante para que dirija mis pasos. Tú sabes todo y me guiarás según tu voluntad.

Ayúdame a conocer tu voluntad. Mantenme en el camino que has trazado para mí. Dame el anhelo de permanecer fiel a ese camino, y perdóname por las veces en las que me he apartado de ti antes.

Acompaña a mis familiares y amistades que están ante una encrucijada y no saben qué hacer. Permite que tu Espíritu los guíe y les haga ver con claridad la mejor decisión.

Gracias por interesarte en los detalles de mi vida, por no pensar que alguna petición es muy insignificante.

Oro esto en el nombre de Jesús, amén.

*Padre nuestro que estás en los cielos,
santificado sea tu nombre. Venga tu reino.
Hágase tu voluntad, como en el cielo, así
también en la tierra.*

MATEO 6.9–10

P adre, tú estás por encima de todo, conoces todo y ves todo. No obstante, me escuchas como si fuera tu única creación.

No permitas que te vea como un padre distante, sino como aquel que vino a la tierra y entiende los retos y las tentaciones de mi vida. Permanece cerca de mí hoy y susúrrame recordatorios de que estás a mi lado y me sostienes como tu hijo.

Mis amistades te necesitan hoy, pues están haciendo decisiones difíciles en sus trabajos y con sus familias. ¿Podrías mostrarles que estás incluso más cerca que sus padres terrenales?

Gracias por escucharme y atender mis súplicas.

Es en el nombre de Jesús que elevo esta oración, amén.

Sin embargo, para nosotros hay un solo Dios,
el Padre, de quien proceden todas las cosas y
nosotros somos para Él; y un Señor,
Jesucristo, por quien son todas las cosas y por
medio del cual existimos nosotros.

1 Corintios 8.6 (LBLA)

D ios, tú eres mi Padre y me das todo lo bueno. Tengo vida gracias a ti, y no existe nadie como tú.

Te pido que hoy afiances esa verdad en mi corazón. Señálame mis ídolos y las cosas que adoro aparte de ti, a fin de que recuerde que solo tú eres mi Dios.

Libera también a mis seres queridos y amistades de sus ídolos, para que puedan disfrutar plenamente de ser parte de tu familia. Ayúdalos a reconocer que eres su único creador y nada en esta tierra tiene dominio sobre ellos.

Gracias por amarnos, a tu creación, aun cuando nos apartamos.

En el nombre de Jesús, amén.

*Dios, que habita en su santo templo, es padre
de los huérfanos y defensor de las viudas; Dios
da a los solitarios un hogar donde vivir, libera
a los prisioneros y les da prosperidad.*

SALMOS 68.5–6 (DHH)

Querido Dios, tú eres el Padre de los huérfanos.
Tú provees para aquellos que no tienen familia
y defiendes al débil como lo haría su propio padre.

Hoy me siento indefenso. Cuando me sienta
atacado, ¿podrías recordarme que tú me proteges?
¿Serías hoy mi padre y defensor?

Te suplico que defiendas a los que son débiles,
tienen miedo y se sienten olvidados. Revélate a sus
vidas hoy y recuérdales que son tus hijos y tú eres su
Padre celestial.

Gracias por darme una familia espiritual que
nadie puede quitarme.

Oro esto en el nombre de Jesús, amén.

6

*Porque nos ha nacido un niño, se nos ha
concedido un hijo; la soberanía reposará sobre
sus hombros, y se le darán estos nombres:
Consejero admirable, Dios fuerte, Padre eterno,
Príncipe de paz.*

Isaías 9.6 (NVI)

Padre eterno, tú eres el Dios todopoderoso.
Enviaste a tu Hijo a llevar a cabo el sacrificio
final, y mereces toda nuestra adoración.

Hoy necesito tu ayuda. Soy pecador y estoy sintiendo el peso de mi pecado. Muéstrame lo que representa para mí en este momento el nacimiento de tu Hijo.

Muéstrale tu gracia a quienes no han aceptado a tu Hijo y no conocen la libertad que él da. Permíteles ver que eres su Padre amoroso.

Gracias por amarme, no solo hoy o ayer, sino siempre, sin importar la profundidad de mi pecado. Me siento muy agradecido.

En el precioso nombre de tu Hijo, amén.

El Señor es bueno y hace lo correcto; les muestra
el buen camino a los que andan descarriados.
Guía a los humildes para que hagan lo correcto;
les enseña su camino.

SALMOS 25.8–9 (NTV)

Querido Padre, tú eres bueno. Tus caminos son perfectos y mejores que los míos. Tú mereces toda mi obediencia y mi adoración. Eres mi maestro y autoridad debido a tu bondad. Humíllame hoy si elijo seguir mi camino sobre el tuyo. Usa mis momentos de arrogancia como una oportunidad para enseñarme y reorientarme.

Muéstrales a mis amistades que tu bondad es más importante que sus deseos. Dales el valor para buscar tu misericordia y el camino recto.

Gracias por tu constante instrucción y preocupación por cada paso que doy en mi vida.

En el nombre de Jesús presento estas peticiones, amén.

8

*Alegra el alma de tu siervo, porque a ti, oh
Señor, levanto mi alma. Porque tú, Señor, eres
bueno y perdonador, y grande en misericordia
para con todos los que te invocan.*

SALMOS 86.4–5

Dios, abundas en un perdón, una misericordia y
una bondad que no puedo comprender en esta
vida. Te adoro con mi corazón y mi alma.

Cuando sienta remordimiento y culpa por mis
pecados pasados, hazme recordar tu perdón. Te ruego que me permitas experimentar tu misericordia.
Lléname con ella para que sea capaz de dársela a las
personas que encuentre hoy.

Camina íntimamente con mi familia para que
puedan conocer tu gracia. Levanta sus cargas y
vuelve sus rostros hacia ti.

Te doy gracias por la gracia que no merezco y
tus misericordias, que son nuevas cada mañana.

En el nombre de Cristo, amén.

*Él es el resplandor de su gloria y la
expresión exacta de su naturaleza, y sostiene
todas las cosas por la palabra de su poder.
Después de llevar a cabo la purificación de los
pecados, se sentó a la diestra de la Majestad en
las alturas, siendo mucho mejor que los ángeles,
por cuanto ha heredado un nombre más
excelente que ellos.*

HEBREOS 1.3–4 (LBLA)

Padre, tú creaste todas las cosas simplemente con tus palabras. Una palabra tuya y tu poder se hace evidente. Me maravillo ante ti.

Dios, necesito tu poder en mi vida. Enfrento circunstancias insoportables y estoy desesperado por un milagro. ¿Mostrarías hoy tu poder en mi vida?

Dios, a aquellos que tienen una opinión pobre de ti, muéstrales lo poderoso y enorme que eres realmente. Ayúdalos a encontrar consuelo en ese conocimiento.

Gracias por enviar a tu Hijo, que ha hecho posible nuestra relación contigo.

Es en el nombre todopoderoso de Jesús que oro, amén.

10

Prueben y vean que el Señor es bueno;
dichosos los que en él se refugian.

SALMOS 34.8 (NVI)

Padre misericordioso, puedo ver que eres bueno. Tengo temor de ti y me humillo cuando contemplo tu rostro. Tú me bendices aunque no lo merezco.

Señor, con frecuencia me siento lejos de ti. Acércame a tu lado y recuérdame lo que es tener una relación íntima contigo.

¿Te acercarías a todos aquellos que se sienten solos en este momento? Rodéalos con una comunidad afectiva y suple todas sus necesidades.

Gracias, porque no necesito nada cuando estoy contigo.

En el nombre de Jesús, amén.

Recuerden las cosas pasadas, aquellas de antaño; yo soy Dios, y no hay ningún otro, yo soy Dios, y no hay nadie igual a mí. Yo anuncio el fin desde el principio; desde los tiempos antiguos, lo que está por venir. Yo digo: Mi propósito se cumplirá, y haré todo lo que deseo.

Isaías 46.9–10 (nvi)

Dios altísimo, no hay nadie como tú. Eres el Dios soberano y verdadero. El único Dios al que adoro, el Alfa y la Omega.

Necesito saber que vas delante de mí. No veo ninguna solución para los problemas que estoy confrontando. Recuérdame que a ti no te desconciertan las luchas que enfrento para así ser consolado por tu poder omnisciente.

Permanece cerca de mis familiares y amistades que están sufriendo. Su dolor es paralizante, pero tú eres más grande que cualquier circunstancia que encaren.

Gracias por tu perfecta voluntad. Que se cumpla en mi vida mientras te busco.

Solo en tu nombre, amén.

12

*Toda buena dádiva y todo don perfecto
desciende de lo alto, del Padre de las luces, en el
cual no hay mudanza, ni sombra de variación.*

SANTIAGO 1.17

Querido Padre, tus bendiciones son perfectas.
Todo lo que nos das es bueno. Desde la creación hasta el fin, tus dones traen vida a esta tierra.

Enséñame a aceptar lo que me has dado. Tal vez no siempre entienda las circunstancias, pero muéstrame de qué forma constituyen bendiciones y permíteme ser agradecido por todos tus dones.

¡Que hoy lluevan bendiciones sobre mi familia y mis amistades! Dales esperanza ante cualquier situación que enfrenten. Permíteles reconocer que los dones buenos y perfectos provienen de ti.

Gracias por tus bendiciones inagotables. Tú nos las brindas en momentos inesperados.

En el nombre de Jesús, amén.

*Pues tú eres Dios, oh Soberano Señor; tus
palabras son verdad, y le has prometido estas
cosas buenas a tu siervo.*

2 Samuel 7.28 (ntv)

Dios todopoderoso, tú hablas y queda hecho.
Tus palabras son verdad. Son poderosas y
traen vida.

¿Me concederías un anhelo por tus palabras? A
veces siento ansiedad, pero no voy a las Escrituras.
Siento miedo, pero me olvido de pedirte protección.
Me siento débil, pero me rehúso a pedirte fuerzas.
Renueva mi deseo de contar con tu ayuda constante
y recuérdame volverme a tu Palabra.

Gracias porque la Biblia es todo lo que requiero.
Gracias por dárnosla como regalo y guía. No permitas nunca que dé esto por garantizado.

En tu nombre elevo mi oración, amén.

14

No se aflijan por nada, sino preséntenselo todo a
Dios en oración; pídanle, y denle gracias
también. Así Dios les dará su paz, que es más
grande de lo que el hombre puede entender; y
esta paz cuidará sus corazones y sus
pensamientos por medio de Cristo Jesús.

FILIPENSES 4.6–7 (DHH)

Querido Padre, eres el Príncipe de paz y el gran
Yo soy. Eres mi ayudador y mi redentor.

Hoy necesito tu ayuda. Me siento débil, frágil y
agotado. Dame las fuerzas para simplemente termi-
nar este día y el deseo de trabajar como si estuviera
haciéndolo todo para tu gloria.

Ayuda a aquellos que están llevando cargas par-
ticularmente difíciles en este momento. Ellos necesitan tu poder y esa paz que va más allá de nuestro
entendimiento.

Me siento muy agradecido de poder acercarme a
ti y presentarte mis peticiones en cualquier momento. Gracias por darme paz y descanso en los tiempos
difíciles.

En el nombre del Príncipe de paz oro, amén.

*Por eso, sean humildes y acepten la autoridad de
Dios, pues él es poderoso. Cuando llegue el
momento oportuno, Dios los tratará como a
gente importante. Así que pongan sus
preocupaciones en las manos de Dios, pues él
tiene cuidado de ustedes.*

1 PEDRO 5.6–7 (TLA)

Querido Dios, eres soberano y tu nombre es digno.

Me acerco humildemente a ti para confesarte que soy un pecador. Lo que he hecho merece justicia, no gracia, pero hoy necesito sentir tu gracia. Necesito tu perdón. ¿Podrías reemplazar la culpa y la vergüenza que siento?

Acércate a mis familiares y amistades que esconden su vergüenza y temen revelarla. Te ruego que permitas que puedan encontrar una persona confiable y fiel, así como un sentido de perdón en sus vidas.

Gracias por llevar sobre ti nuestras preocupaciones y cargas. Gracias por prometernos que siempre cuidarás de nosotros.

En el nombre de Jesús, amén.

*Ellos le dijeron: Señor, que sean abiertos
nuestros ojos. Entonces Jesús, compadecido,
les tocó los ojos, y en seguida recibieron la
vista; y le siguieron.*

MATEO 20.33–34

Padre, eres el Sanador y el Hacedor de milagros. Puedes devolverle la vista al ciego y la voz al mudo.

¿Podrías sanar mi cuerpo? Me siento adolorido y necesito la sanidad que solo tú puedes dar. Permíteme tener una actitud optimista a pesar de mis debilidades.

Para mi familia, te ruego una sanidad de cuerpo y mente milagrosa. Fortalece su fe y aliéntalos.

Te doy gracias porque siempre escuchas mi clamor por tu ayuda.

Elevo esta oración en el nombre del gran Sanador, amén.

Ahora, que el Dios de paz los haga santos en todos los aspectos, y que todo su espíritu, alma y cuerpo se mantenga sin culpa hasta que nuestro Señor Jesucristo vuelva. Dios hará que esto suceda, porque aquél que los llama es fiel.

1 Tesalonicenses 5.23–24 (ntv)

Querido Dios, tu fidelidad es segura y constante. Tu ser es perfecto e íntegro. Cuando me siento incompleto, como si hubiera huecos dentro de mí, intento llenarlos con cosas que no son tuyas. Sin embargo, tú me has llamado a algo mayor. Muéstrame qué es y permíteme encontrar mi realización en ti.

Protege los corazones de mis amistades que han mantenido relaciones destructivas. Ellos se sienten quebrantados y asustados. Sana sus heridas y dales paz.

Te doy gracias por tu fidelidad. Esa es mi roca. Cuando todo parece moverse como la arena, gracias por permanecer firme.

En el nombre de Jesús, amén.

Mas él herido fue por nuestras rebeliones,
molido por nuestros pecados; el castigo de
nuestra paz fue sobre él, y por su llaga fuimos
nosotros curados.

Isaías 53.5

D ios Padre, tú me redimes del pecado. Te has llevado el pecado lejos de mí. Representas el amor perfecto.

Ayúdame en mi búsqueda de valor personal. A veces siento que no merezco amor y necesito tu ayuda para descubrir dónde reside mi verdadero valor.

Sé la fortaleza de mis amigos que todavía no creen que hayas cubierto sus pecados y que siguen llevando ese peso innecesario sobre sus hombros.

¿Cómo puedo agradecerte por tu sacrificio? ¿Cómo puedo expresarte mi gratitud por mi libertad? Mis palabras no parecen suficientes, pero te agradezco por haberme sanado y rescatado.

Es en el nombre de Jesús que oro, amén.

Oye, oh Jehová, y ten misericordia de mí;
Jehová, sé tú mi ayudador. Has cambiado mi
lamento en baile; desataste mi cilicio, y me
ceñiste de alegría.

SALMOS 30.10–11

P adre, eres un Dios de reconciliación y reden-
ción. Eres capaz de mucho más de lo que jamás
podría pedir o imaginar.

¿Serías hoy mi ayudador? Transforma mi pena
en alegría. Es muy fácil quedarse en las profundida-
des de la tristeza y la autocompasión, pero te ruego
que me saques de la oscuridad.

Te suplico que protejas a mi familia y reconfor-
tes sus corazones. Muéstrales lo que es la alegría.

Gracias por desear solo lo mejor para nosotros y
no dejarnos solos en nuestra miseria.

En el nombre de Cristo, amén.

Oh Dios, ¡escucha mi clamor! ¡Oye mi oración!
Desde los extremos de la tierra, clamo a ti por
ayuda cuando mi corazón está abrumado.
Guíame a la imponente roca de seguridad.

SALMOS 61.1–2 (NTV)

Padre que estás en los cielos, eres el Dios del rey David y también mi Dios. Tú reinas por siempre y por encima de todo.

Trae paz a mi corazón cuando me siento abrumado. No tengo idea de cómo voy a llevar a cabo todo lo que tengo que hacer. Ilumina mi camino, y muéstrame las actividades y obligaciones a las que puedo decirle que no. Ayúdame a liberarme de las cargas que agobian mi mente y te mantienen arrinconado. Acércate a mí.

Dios, te ruego que escuches el clamor de aquellos que te sirven, pero se sienten abrumados. Muchos de ellos no experimentan tu presencia en sus vidas en este momento. Recuérdales tu fidelidad.

Gracias por tu cercanía y constancia. Gracias por escuchar mis ruegos sin importar dónde me encuentre.

En el nombre de Jesús, amén.

*Tu sol no volverá a ponerse, ni menguará tu
luna; será el Señor tu luz eterna, y llegarán a su
fin tus días de duelo.*

Isaías 60.20 (nvi)

P adre, tú tienes el poder para controlar el sol y
la luna. Tú eres la luz eterna.

Ayúdame a ver la claridad al final de mi túnel.
Hay momentos en los que apenas puedo recordar
cómo es esa luz o qué se siente simplemente el tener
alegría. Ayúdame a enfocarme en ti, aun en la
oscuridad.

Sostén a mis amistades que sufren pérdidas
como abortos espontáneos, muertes o enfermedades. Cuando estas pruebas afligen a las personas que
amo, me siento muy inútil. ¿Podrías mostrarles tu
luz en sus vidas?

Gracias, Dios, porque eres nuestra roca y nuestro
sanador, y porque le pondrás fin a nuestro duelo.

En el nombre de la Luz eterna, amén.

Así que yo les digo: Pidan, y se les dará; busquen, y encontrarán; llamen, y se les abrirá la puerta. Porque todo el que pide, recibe; el que busca, encuentra; y al que llama, se le abre.

LUCAS 11.9–10 (NVI)

Q uerido Dios, eres fiel y leal a tus promesas siempre. Tú sabes lo que vamos a pedirte incluso antes de que lo hagamos, pero aun así escuchas a tus hijos.

Te pido que abras hoy mis ojos para ver a los que se encuentran en necesidad a mi alrededor. Con mucha frecuencia estoy ciego ante las luchas de mi familia y amistades, pero no quiero que sea así.

Oro por mi familia que te necesita. Ayúdalos a pedir, buscar y llamar, pues tú, Señor, has prometido responder a sus ruegos.

Gracias por contestar nuestras oraciones, aun cuando no sea fácil escuchar la respuesta.

En tu precioso nombre, amén.

Y se le acercó mucha gente que traía
consigo a cojos, ciegos, mudos, mancos, y
otros muchos enfermos; y los pusieron a
los pies de Jesús, y los sanó.

MATEO 15.30

Dios todopoderoso, tú puedes sanar todas las enfermedades, dividir los mares y resucitar a los muertos. Te adoro y alabo.

Padre, sana mi enfermedad. Me duele el cuerpo, y también me duele el alma y el corazón. Tráeme alivio y ayúdame a no enfocarme solo en mis propias necesidades.

Dales fuerzas a mis amistades que están enfermas y adoloridas. Acúnalas en tus brazos y sánalas.

Gracias por escucharnos. Gracias porque Jesús sanó a los que se presentaron delante de él, y porque todavía hoy ofreces sanidad.

En el nombre del Dios todopoderoso, amén.

Por favor, ayúdanos contra nuestros enemigos,
porque toda la ayuda humana es inútil. Con el
auxilio de Dios haremos cosas poderosas, pues él
pisoteará a nuestros enemigos.

SALMOS 60.11–12 (NTV)

Padre, tu puedes aniquilar al ejército más poderoso, mover montañas y crear la tierra de la nada. Tu fuerza y tu bondad no tienen fin.

Recuérdame tu poder en este momento. Me apresuro mucho en buscar la ayuda de mis amistades y luego me siento defraudado. Sé tú mi fuerza en todas las situaciones.

A veces mis amistades vienen a mí buscando ayuda, pero solo tú eres la respuesta para sus problemas. Ayúdalos a buscarte primero y siempre a ti.

Gracias por estar de nuestro lado y pelear por nosotros.

En el nombre de Cristo, amén.

*Mi Dios, pues, suplirá todo lo que os falta
conforme a sus riquezas en gloria en
Cristo Jesús.*

FILIPENSES 4.19

Q uerido Padre, tú suples todas nuestras necesidades. Eres el amor perfecto, la alegría perfecta y la paz perfecta.

Cuando intente suplir mis necesidades apartado
de ti, regrésame a tu lado. Recuérdame que tú eres
todo lo que necesito. Impídeme volver a mis viejos
hábitos y patrones destructivos.

Haz lo mismo con aquellos que luchan contra la
adicción. Siento temor por ellos y el rumbo en que
se encaminan sus vidas. Humíllalos para que así
puedan verte y conocerte.

Gracias por ser el Dios que ofrece segundas,
terceras y cientos de oportunidades. Tú no te rindes
con nosotros.

En tu nombre elevo esta oración, amén.

Pero ahora yo les digo: Amen a sus enemigos
y oren por quienes los maltratan. Así
demostrarán que actúan como su Padre Dios,
que está en el cielo.

MATEO 5.44–45 (TLA)

Padre celestial, tu amor y aceptación no cesan. Eres el pozo de gracia y amor donde debo abastecerme diariamente.

Ayúdame hoy a amar a las personas que me cuesta trabajo amar. Hazme humilde en su presencia y muéstrame algún aspecto de ellas que no he podido ver debido a mi orgullo.

Quédate con estas personas y protégelas.

Cualquiera sea el dolor o la herida que esté lastimándolas, sácalos a relucir y sánalos.

Gracias por tu naturaleza redentora y tu capacidad para derribar las barreras entre tus hijos.

Es en Cristo que oro, amén.

Pero tú, Señor, me rodeas cual escudo; tú eres
mi gloria; ¡tú mantienes en alto mi cabeza!
Clamo al Señor a voz en cuello, y desde su monte
santo él me responde.

Salmos 3.3–4 (nvi)

Querido Dios, el santo y poderoso. Eres digno de toda alabanza y todo honor. Tu amor incondicional me asombra cada mañana.

Cuando oiga voces a mi alrededor que repitan que no estoy a la altura o no soy lo suficiente bueno, ayúdame a escuchar tu verdad en mi corazón y dame fuerzas.

Acompaña a los que se sienten incompetentes y dudan de que alguien se preocupe por ellos. Cuando cuestionen sus méritos, dales un sentido de valía más profundo en Cristo, y solo en Cristo.

Gracias porque no tenemos que pelear por nuestro valor, porque ya tú nos llamaste tus hijos.

En el nombre de Jesús, amén.

Así que, somos embajadores en nombre de Cristo, como si Dios rogase por medio de nosotros; os rogamos en nombre de Cristo: Reconciliaos con Dios. Al que no conoció pecado, por nosotros lo hizo pecado, para que nosotros fuésemos hechos justicia de Dios en él.

2 Corintios 5.20–21

Dios altísimo, tú rasgaste el velo, conquistaste la muerte y abriste el camino para que pueda tener una relación contigo.

¡Con cuánta facilidad se me olvida que puedo hablar contigo en cualquier momento! Permite que hoy me vuelva a ti en cada paso, ante cada pregunta y dificultad.

Rodea hoy a mi familia y mis amistades con tu perdón. Recuérdales que anhelas perdonarlos. Ayúdalos a librarse de cualquier culpa a la que estén aferrados.

Gracias por convertirnos en tus embajadores en esta tierra.

En el nombre de Jesús, aquel que no conoció pecado, amén.

*Oren sin cesar, den gracias a Dios en toda
situación, porque esta es su voluntad para
ustedes en Cristo Jesús. No apaguen el Espíritu.*

1 Tesalonicenses 5.17–19 (nvi)

P adre celestial, aquí estoy, maravillado por todas las razones que tengo para darte gracias. Eres mucho más grande y extraordinario de lo que jamás alcanzaré a comprender.

Ofréceme hoy algunos recordatorios para mostrarme agradecido. No permitas que pase por alto las bendiciones pequeñas —o grandes— que me rodean. Llena mi corazón de gratitud.

En cuanto a mis amistades a las que les cuesta trabajo orar, ¿podrías poner en ellas el deseo de conocerte más? Enséñales a orar, así como me estás enseñando a mí.

Gracias por Jesús. Gracias por amarnos. Gracias por el regalo de la gracia.

En el nombre de Cristo, amén.

Luego Jesús tomó los panes, dio gracias a Dios y los distribuyó entre la gente. Después hizo lo mismo con los pescados. Y todos comieron cuanto quisieron.

JUAN 6.11 (NTV)

Oh, Padre, tú multiplicas los panes y los peces. Haces milagros que nadie más puede hacer. Pronuncias la palabra y traes todo a la existencia.

Ayúdame a experimentar hoy tu gran poder. Muéstrame que eres capaz de hacer mucho más de lo que jamás podría pedir o imaginar. Y cuando vea tu poder en acción, ayúdame a ser agradecido por él.

Oro por todos los que sienten que no tienen muchas razones para dar gracias en estos momentos. Han perdido a un hijo. Están enfermos. Han perdido sus empleos. Llena sus corazones con una gratitud inexplicable, porque tú sigues siendo bueno.

Te agradezco por tu gran poder y misericordia. No tenías que alimentar a cinco mil hombres en aquella colina, pero gracias por mostrar tu amor aun en un almuerzo.

Oro en el nombre de Jesús, amén.

¡Demos gracias a nuestro Dios! ¡Demos a
conocer entre las naciones todo lo que él ha
hecho! ¡Cantémosle himnos! ¡Demos a conocer
sus grandes milagros!

1 Crónicas 16.8–9 (TLA)

P adre, eres merecedor de todo: mi atención, mi
adoración, mi alabanza y mi amor. Tus obras
son maravillosas, más allá que cualquier cosa que
tan siquiera pueda expresar.

Ayúdame a ser hoy una luz que te alumbre a ti.
Con frecuencia me resulta difícil distinguirme del
mundo y ser diferente. Dame el valor para dar a
conocer tu bondad y nunca sentirme avergonzado.

Te ruego que les des paz a mis amistades que
están saliendo en tu defensa y como resultado ya no
tienen amigos o hay apenas unos pocos que los
entiendan.

Te doy las gracias por tus obras maravillosas y
todo lo que has hecho y harás.

En el glorioso nombre de Jesucristo, amén.

Yo sé que Jehová tomará a su cargo la causa del
afligido, y el derecho de los necesitados.
Ciertamente los justos alabarán tu nombre; los
rectos morarán en tu presencia.

SALMOS 140.12–13

Querido Dios, tú eres el juez verdadero y el único justo. Eres conocido en toda la tierra.

Ayúdame a distinguir la injusticia que me rodea y no puedo ver. Ayúdame a reconocer mis puntos ciegos. Muéstrame cómo puedo ayudar donde más me necesiten.

Quédate con aquellos que sufren y son víctimas de abusos alrededor del mundo. Levanta a alguien que hable en favor de ellos.

Gracias por ser mi abogado y permitirme morar en tu presencia.

En el imparcial y justo nombre de Cristo, amén.

Y tomando la copa, y habiendo dado gracias, les dio; y bebieron de ella todos. Y les dijo: Esto es mi sangre del nuevo pacto, que por muchos es derramada.

MARCOS 14.23–24

Padre, tú eres bueno. Nos enviaste a tu Hijo y eres misericordioso todos los días, momento a momento, aun hasta pagar el precio máximo.

Ayúdame a recordar hoy tu sacrificio, mantenlo cerca de mi corazón. Hazme no solo una persona agradecida, sino una vasija de tu gracia. Y no permitas que tu gracia se detenga conmigo, sino muéstrasela a otros a través de mí.

Permanece con mis familiares y amistades que no creen en ti y tienen sus corazones endurecidos. Permite que puedan conocer la promesa de tus buenas nuevas.

Gracias por la profundidad de tu amor. Enviaste a tu Hijo a sufrir la muerte de un pecador para que yo pudiera ser redimido. Te agradezco que desees tener una relación conmigo por medio de Jesucristo.

En su nombre precioso, amén.

*Desde que me enteré de su profunda fe en el
Señor Jesús y del amor que tienen por el pueblo
de Dios en todas partes, no he dejado de dar
gracias a Dios por ustedes. Los recuerdo
constantemente en mis oraciones.*

EFESIOS 1.15–16 (NTV)

Dios, la belleza de esta tierra me hace recordarte. El mar, el bosque y las montañas son tu creación, un reflejo de tu poder y bondad.

Oro que pongas en mi camino un consejo sabio. Dame el valor para buscar tutoría y discipulado. No permitas que dependa de mi propia sabiduría, sino de la tuya y la de los que son más sabios que yo.

Permanece con aquellos cuyos familiares son figuras ausentes y se sienten abandonados. Muéstrales que eres su gran Padre y puedes llenar su soledad.

Gracias por tu fidelidad y el regalo de la amistad. Gracias por traer personas a mi vida que me alientan y me acercan más a ti.

En el nombre de Jesús, amén.

Respondió el centurión y dijo: Señor, no soy
digno de que entres bajo mi techo; solamente
di la palabra, y mi criado sanará [...]
Entonces Jesús dijo al centurión: Ve, y como
creíste, te sea hecho. Y su criado fue sanado
en aquella misma hora.

MATEO 8.8, 13

P adre bueno, la muerte no puede competir contigo, ni tampoco la enfermedad ni el dolor. Tú
eres más poderoso que todo esto, y capaz de elimi-
nar todo sufrimiento.

Recuérdame hoy tus promesas. Que camine
confiando en ellas y no en las promesas del hombre.
Cuando otros me defrauden, permíteme ver tu rostro y ser reconfortado.

Te ruego que bendigas hoy a mis familiares,
más de lo que pueden imaginar. Sorpréndelos a cada
momento y fortalece su fe.

Gracias por enviar a Jesús, pues por medio de él
recibimos todo poder. Gracias porque cuando pedimos, tú escuchas nuestros ruegos.

Es en su nombre que siempre oro, amén.

Hace mucho tiempo, Dios habló muchas veces y de diversas maneras a nuestros antepasados por medio de los profetas. Y ahora, en estos últimos días, nos ha hablado por medio de su Hijo. Dios le prometió todo al Hijo como herencia y, mediante el Hijo, creó el universo.

HEBREOS 1.1–2 (NTV)

Mi Dios, tú fuiste aquel que habló y todavía habla. Tú fuiste aquel que vino y todavía viene.

Dame un corazón que sepa discernir al Espíritu Santo. Enséñame a escuchar. Enséñame a permanecer quieto y en silencio, para así reconocer cuándo estás hablando. Dame silencio hoy.

Dirige a mis familiares y amistades en dirección a tu verdad. A medida que intentan decidir hacia dónde ir, dales la fuerza para escoger tu camino por encima del propio.

Gracias por la esperanza que tenemos en ti y por una eternidad que esperamos con ansias.

En el nombre del Hijo, que es heredero de todo, amén.

*Por lo cual Dios también le exaltó hasta lo sumo,
y le dio un nombre que es sobre todo nombre,
para que en el nombre de Jesús se doble toda
rodilla de los que están en los cielos, y en la
tierra, y debajo de la tierra.*

FILIPENSES 2.9–10

P adre, tu nombre es sobre todo otro nombre. Tú mereces mi adoración y alabanza.

Ayúdame a recordar que ese mismo poder que conquistó la tumba, también reside en mi interior. Con demasiada frecuencia doy por garantizado lo que Cristo hizo por mí. Enséñame las verdades acerca de Jesús como si las estuviera escuchando por primera vez.

Ayuda a mis familiares y amistades a entender que tus caminos son rectos y verdaderos.

Gracias, Dios, por darnos lo que necesitamos cuando lo necesitamos.

En el nombre de Cristo, amén.

38

*Ya no tendrán hambre ni sed, ni el sol los
abatirá, ni calor alguno, pues el Cordero en
medio del trono los pastoreará y los guiará a
manantiales de aguas de vida, y Dios enjugará
toda lágrima de sus ojos.*

Apocalipsis 7.16–17 (lbla)

Querido Dios, solo tú puedes aliviar todo dolor
y sufrimiento. Tú llevas nuestras cargas y
ofreces consuelo en el momento oportuno.

Mantén mis ojos dirigidos hacia el cielo. Cuando mis pensamientos divaguen y comience a preocuparme por el futuro o lamentarme por el pasado, eleva mi vista al cielo para que pueda enfocarme en la recompensa final.

Concédeles libertad a mis amistades que viven en el pasado y se lamentan por él. Dales la fortaleza para dejar todo atrás y recuérdales que tú enjugarás toda lágrima de sus ojos.

Gracias por enviarnos a tu Hijo y saciar nuestra sed. Y gracias por cumplir todas tus promesas.

En el nombre del Agua Viva, amén.

*Mas Pedro dijo: No tengo plata ni oro, pero lo
que tengo te doy; en el nombre de Jesucristo de
Nazaret, levántate y anda.*

HECHOS 3.6

P adre celestial, tu bondad no tiene límites y tu
misericordia es abundante en mi vida. No eres
avaro con tu gracia ni tu compasión.

Hay días en los que siento que ni siquiera tengo
las fuerzas para levantarme. ¿Me ayudarías a poner-
me de pie y me darías el poder para sobrevivir esos
momentos?

Te ruego que ayudes a mis amistades que también están luchando con este problema. Cuando sus
corazones se sientan cargados y sus manos cansadas,
sostenlos por medio de tu buen nombre.

Gracias porque el nombre de Jesús tiene el
poder para hacer que el cojo camine y devolverle la
vista al ciego. Y tiene el poder para ayudarme a
enfrentar todas mis pruebas.

En el nombre de Jesús, que encierra todo poder
y compasión, amén.

40

Jesús se acercó y dijo a sus discípulos: «Se me ha dado toda autoridad en el cielo y en la tierra. Por lo tanto, vayan y hagan discípulos de todas las naciones, bautizándolos en el nombre del Padre y del Hijo y del Espíritu Santo».

MATEO 28.18–19 (NTV)

P adre, tú eres bueno. Amas a tu gente con un amor que nunca entenderé por completo. Cuidas a cada niño en cada nación y conoces cada corazón.

Dame el deseo de proclamar tu palabra. Con demasiada frecuencia me mantengo callado. Permite que esta arda en mí de una manera tal que no pueda hacer otra cosa sino hablarles a otros sobre tu amor y tu gloria.

Permanece con mis amigos que son misioneros y trabajan en otros países compartiendo las buenas nuevas del evangelio. Permite que hoy se sientan alentados y animados.

Gracias por tu amor y por llamarme a compartirlo con el mundo.

En el nombre de Jesús, amén.

Mis oraciones

Mis oraciones

Mis oraciones

Mis oraciones

Mis oraciones

Descubre aun más poder en una oración sencilla

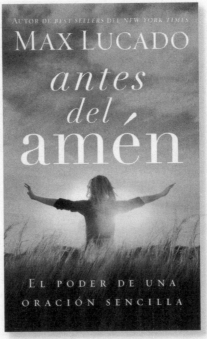

ISBN 978-0-7180-0157-5
$12.99

Súmate al viaje de Max Lucado al mismo corazón de la oración bíblica. Encuentra descanso en medio del caos y seguridad hasta para los débiles en la oración.

Disponible en cualquier lugar donde se venden libros
Antesdelamen.com